15 cm s.I.G.33 SfI auf Pz.Kpfw.I Ausf.B of 706th Self-propelled Heavy Infantry Gun Company, 10th Panzer Division. The vehicle was finished in Dunkelgrau RAL 7021. It was captured by Soviet troops during the winter battles of 1941-42.

15 cm s.I.G.33 SfI auf Pz.Kpfw.I Ausf.B z 706. kompanii dział samobieżnych 10. dywizji pancernej. Kamuflaż jednobarwny Dunkelgrau RAL 7021. Działo to zostało zdobyte przez Rosjan podczas walk zimowych 1941-42.

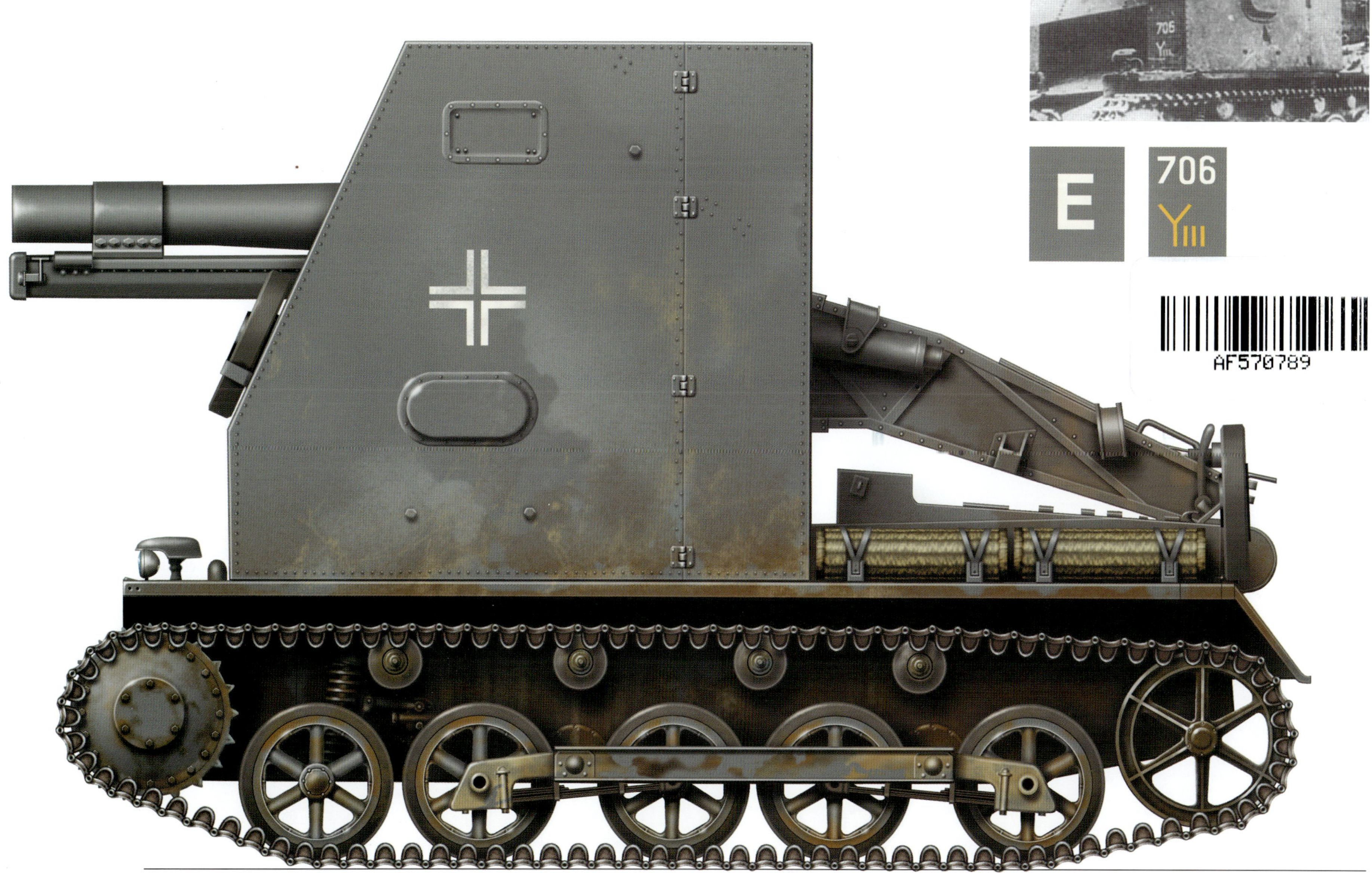

15 cm s.I.G.33 SfI auf Pz.Kpfw.I Ausf.B of 702nd Self-propelled Heavy Infantry Gun Company, 1st Panzer Division, Russia, summer 1941. The vehicle was painted in Dunkelgrau RAL 7021.

15 cm s.I.G.33 SfI auf Pz.Kpfw.I Ausf.B z 702. kompanii dział samobieżnych 1. dywizji pancernej, Rosja, lato 1941 roku. Kamuflaż jednobarwny Dunkelgrau RAL 7021.

15025

Barbarossa 1941

Stanisław Jabłoński,
Jacek Pasieczny,
Arkadiusz Wróbel

First Edition Lublin 2011

Color profiles: Jacek Pasieczny, Arkadiusz Wróbel

Series Editor: Damian Majsak, Maciej Góralczyk

English text: Maciej Góralczyk

Design: KAGERO STUDIO, Łukasz Maj

OW KAGERO,
ul. Mełgiewska 9F,
20-209 Lublin

Distribution:
KAGERO Publishing Sp. z o.o.,
ul. Mełgiewska 9F,
20-209 Lublin
tel./fax (+48) 81 749 11 81,
tel. (+48) 81 749 20 20

ISBN: 978-83-62878-04-8

www.kagero.pl

mini TOPCOLORS

Barbarossa 1941

References:

Culver B., *Panzer Colors vol. 1, 2 & 3*, Carrolton 1996.
Ishibashi Y., *Achtung Panzer No. 3. Panzerkampfwagen IV*, Tokyo 1993.
Kirsanow S., *T-34 vol. 3 & 4*, Warszawa 2007.
Kołomyjec M., *KW vol. 1 & 2*, Warszawa 2002.
Kołomyjec M., *Moskwa 1941*, Warszawa 2003.
Kołomyjec M., & Moszczanskij, I. *Kamuflaż Germanskoj Techniki 1941-45*, Moscow 1999.
Lisiecki T., *Barbarossa 1941 vol. 1* Warszawa 2003.
Łagutin A., *T-34 vol. 2*, Warszawa 2007.
Magnuski J., *Ciężki Czołg KW*, Warszawa 1997.
Michulec R., *T-34 Mityczna Broń tom 1 & 2*, Gdynia 2002-2003.
Moszczanskij I., *1941. Taktika Tankowoj Wojny,* Russia 2001.
Perrett B., *The Panzerkampfwagen III*, London 1988.
Internet.

kl.Pz.Bef.Wg. Sd.Kfz.265 of 11th Panzer Division. This command tank based on Pz.Kpfw.I Ausf.B chassis was painted in Dunkelgrau RAL 7021. It was used by film crew in the summer of 1941.

kl.Pz.Bef.Wg. Sd.Kfz.265 – czołg dowodzenia oparty na podwoziu Pz.Kpfw.I Ausf.B z 11. Dywizji Pancernej, pomalowany farbą Dunkelgrau RAL 7021. Pojazd ten wykorzystywała ekipa filmowa latem 1941 roku.

A STZ-built T-34/76 model 1941 with F-34 gun coded 4 of 21st Independent Tank Brigade, autumn 1941. It received a standard finish in 4BO dark green.

T-34/76 model 1941 z armatą F-34 z fabryki STZ o numerze taktycznym 4 z 21. Samodzielnej Brygady Czołgów, jesień 1941 roku. Kamuflaż stanowi ciemnozielona farba 4BO.

A STZ-built T-34/76 model 1941 with F-34 gun. The tank was painted in 4BO dark green and sported a white propaganda inscription 'Beat the fascists' on both sides of the turret.

T-34/76 model 1941 z armatą F-34 produkcji STZ z propagandowym napisem na bokach wieży „Bij faszystów". Kamuflaż stanowi ciemnozielona farba 4BO.

A 1941-built heavy tank KW-2 captured by troops of the German 7th Panzer Division in July 1941. The tank was finished in 4BO dark green. The sign on the hull was applied by the Germans.

Ciężki czołg KW-2 produkcji 1941 zdobyty przez żołnierzy z 7. dywizji pancernej w lipcu 1941 roku. Kamuflaż stanowi ciemnozielona farba 4BO. Znak na wieży został namalowany przez żołnierzy niemieckich.

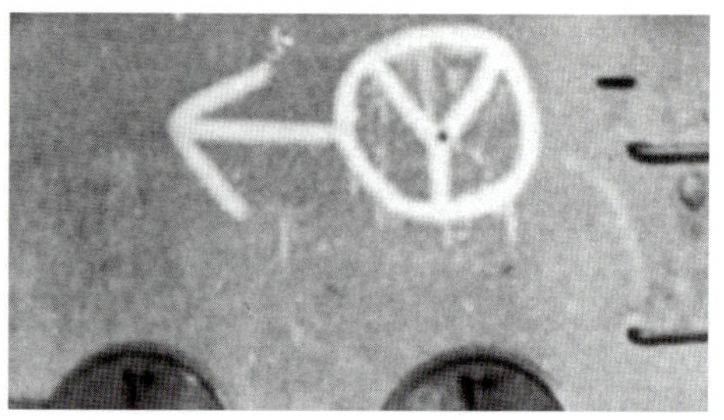

Pz.Kpfw.III Ausf.G coded 14 of 11th Panzer Division, Eastern Front 1941. The vehicle was painted in Dunkelgrau RAL 7021.

Pz.Kpfw.III Ausf.G o numerze taktycznym 14 z 11. dywizji pancernej, front wschodni, 1941 rok. Kamuflaż jednobarwny Dunkelgrau RAL 7021.

Pz.Kpfw.III Ausf.H coded 531 of 6th Regiment, 3rd Panzer Division, Eastern Front 1941. The vehicle was painted in Dunkelgrau RAL 7021.

Pz.Kpfw.III Ausf.H o numerze taktycznym 531 z 6. pułku 3. dywizji pancernej, front wschodni, 1941 rok. Kamuflaż jednobarwny Dunkelgrau RAL 7021.

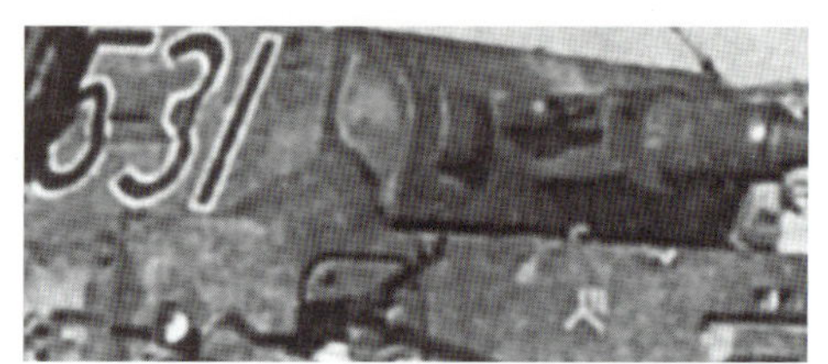

Pz.Kpfw.III Ausf.J coded 1K of 11th Panzer Division, Eastern Front, Ukraine, July 1941. The vehicle was painted in Dunkelgrau RAL 7021.

Pz.Kpfw.III Ausf.J o numerze taktycznym 1K z 11. dywizji pancernej, front wschodni, Ukraina, lipiec 1941 roku. Kamuflaż jednobarwny Dunkelgrau RAL 7021.

Pz.Kpfw.III Ausf.J coded 632 of 18th Panzer Division, Eastern Front, September 1941. The vehicle was painted in Dunkelgrau RAL 7021. It was captured by Soviet troops.

Pz.Kpfw.III Ausf.J o numerze taktycznym 632 z 18. dywizji pancernej, front wschodni, wrzesień 1941 roku. Pojazd zdobyty przez Rosjan. Kamuflaż jednobarwny Dunkelgrau RAL 7021.

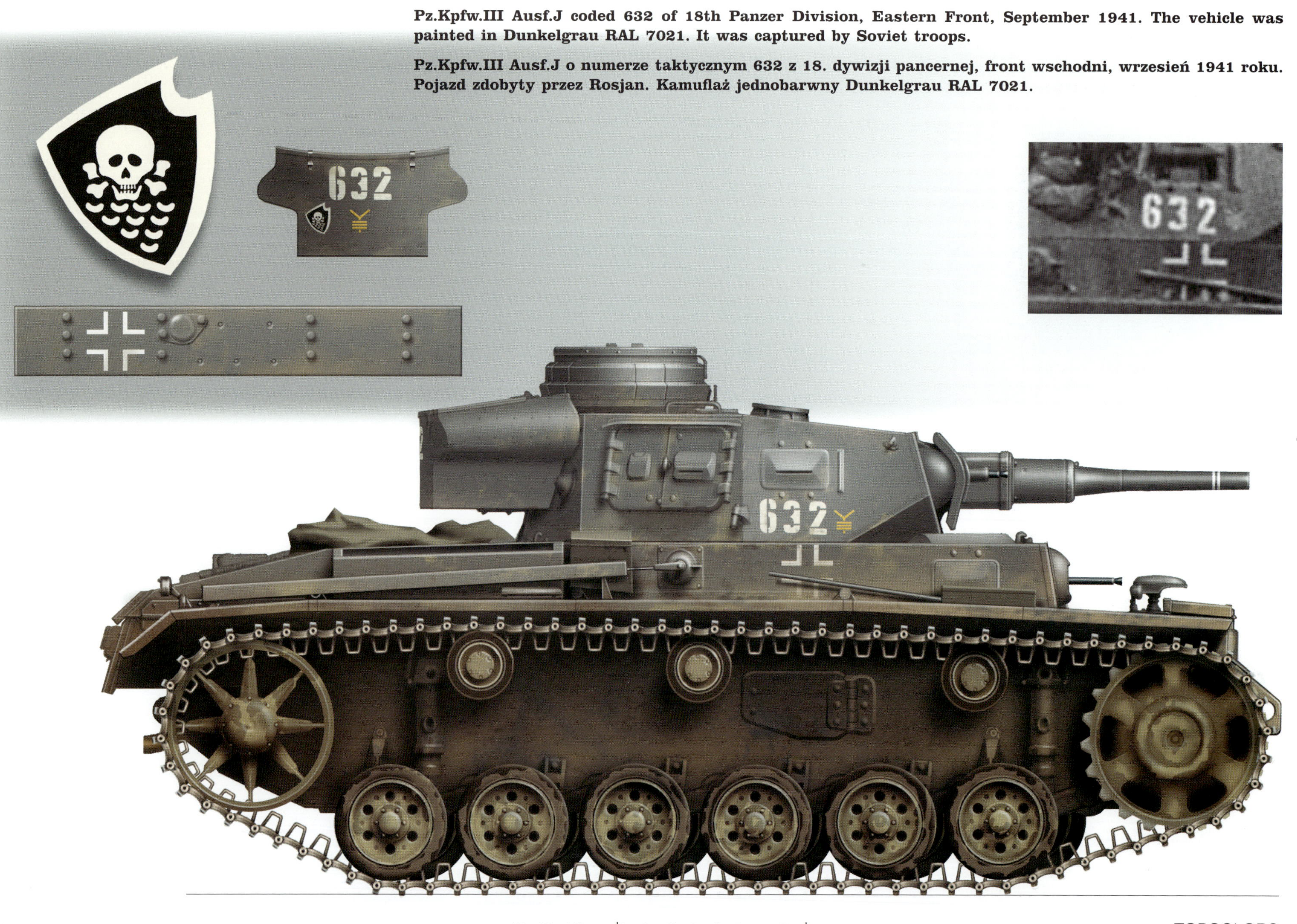

Pz.Kpfw.III Ausf.J coded 5 (side code 621) of 10th Panzer Division, Eastern Front, late autumn 1941. The vehicle was painted in Dunkelgrau RAL 7021.

Pz.Kpfw.III Ausf.J o numerze taktycznym 5 (nr boczny 621) z 10. dywizji pancernej, front wschodni, późna jesień 1941 roku. Kamuflaż jednobarwny Dunkelgrau RAL 7021.

Pz.Kpfw.III Ausf.J coded 7 (side code 731) of 10th Panzer Division, Eastern Front, summer 1941. The vehicle was painted in Dunkelgrau RAL 7021.

Pz.Kpfw.III Ausf.J o numerze taktycznym 7 (nr boczny 731) z 10. dywizji pancernej, front wschodni, lato 1941 roku. Kamuflaż jednobarwny Dunkelgrau RAL 7021.

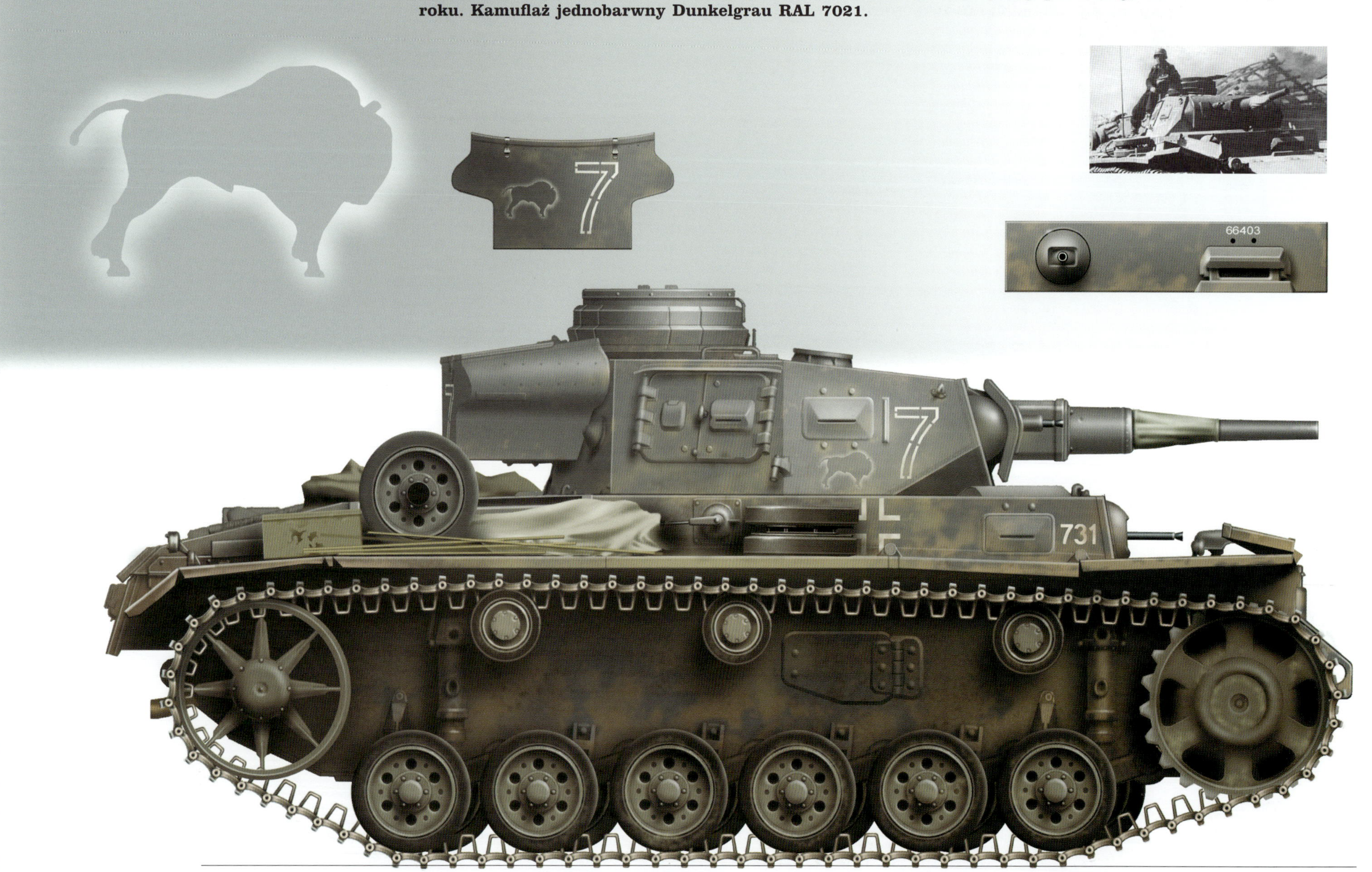

Pz.Kpfw.IV Ausf.D coded 33 of 11th Panzer Division, Eastern Front, Ukraine, July 1941. The vehicle was painted in Dunkelgrau RAL 7021.

Pz.Kpfw.IV Ausf.D o numerze taktycznym 33 z 11. dywizji pancernej, front wschodni, Ukraina, lipiec 1941 roku. Kamuflaż jednobarwny Dunkelgrau RAL 7021.

Pz.Kpfw.IV Ausf.E coded 11 of 11th Panzer Division, Eastern Front, Ukraine, July 1941. The vehicle was painted in Dunkelgrau RAL 7021.

Pz.Kpfw.IV Ausf.E o numerze taktycznym 11 z 11. dywizji pancernej, front wschodni, Ukraina, lipiec 1941 roku. Kamuflaż jednobarwny Dunkelgrau RAL 7021.

Sd.Kfz.250/3 of 10th Panzer Division, Panzer Group 1, Eastern Front, September 1941. This armored command vehicle was painted in Dunkelgrau RAL 7021.

Transporter opancerzony dowodzenia Sd.Kfz.250/3 z 10. dywizji pancernej 1. grupy pancernej, front wschodni, wrzesień 1941 roku. Kamuflaż jednobarwny Dunkelgrau RAL 7021.

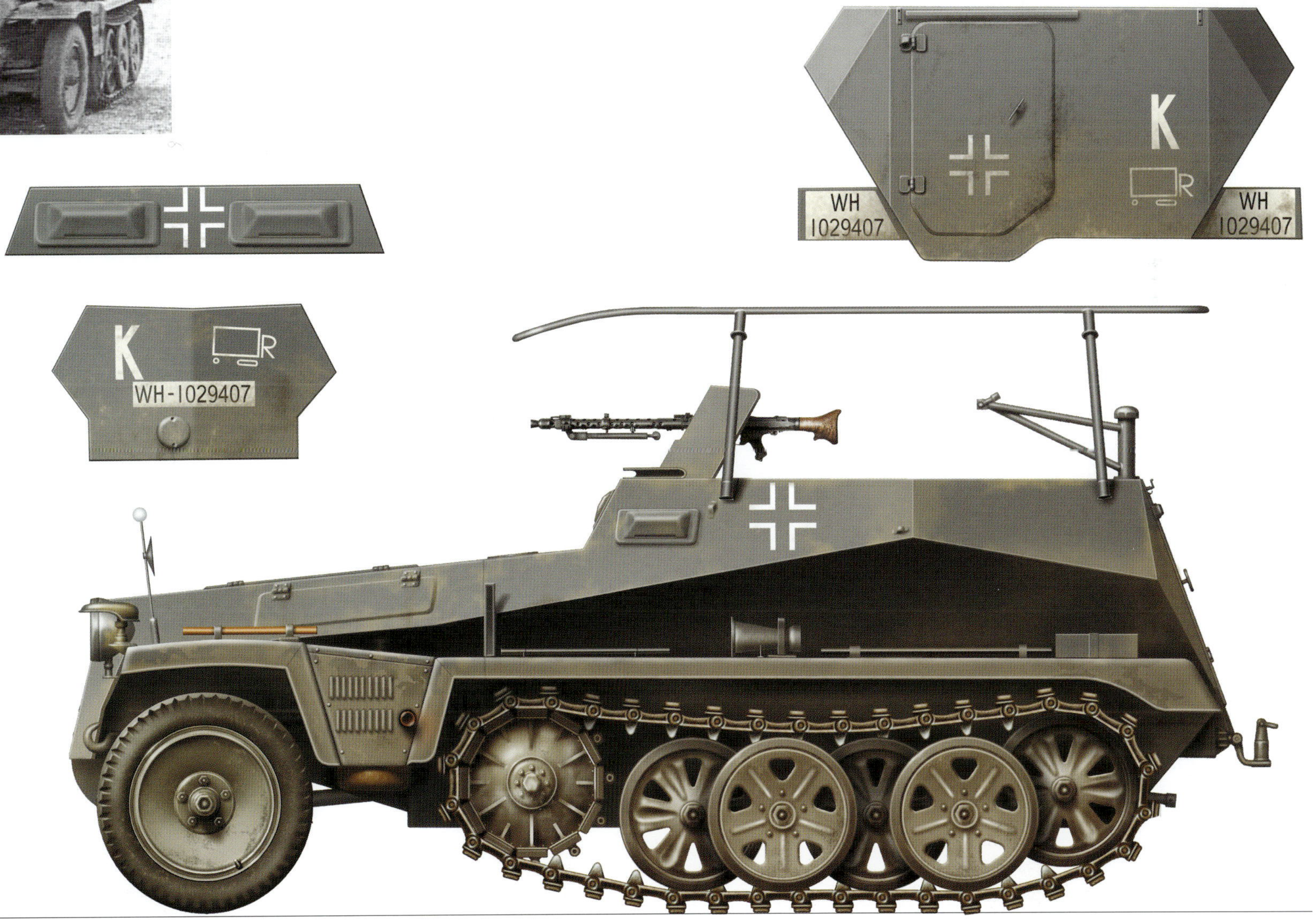

Sd.Kfz.221 of SS Division 'Wiking', Eastern Front, summer 1941. The vehicle was painted in Dunkelgrau RAL 7021.

Sd.Kfz.221 z dywizji SS „Wiking", front wschodni, lato 1941 roku. Kamuflaż jednobarwny Dunkelgrau RAL 7021.

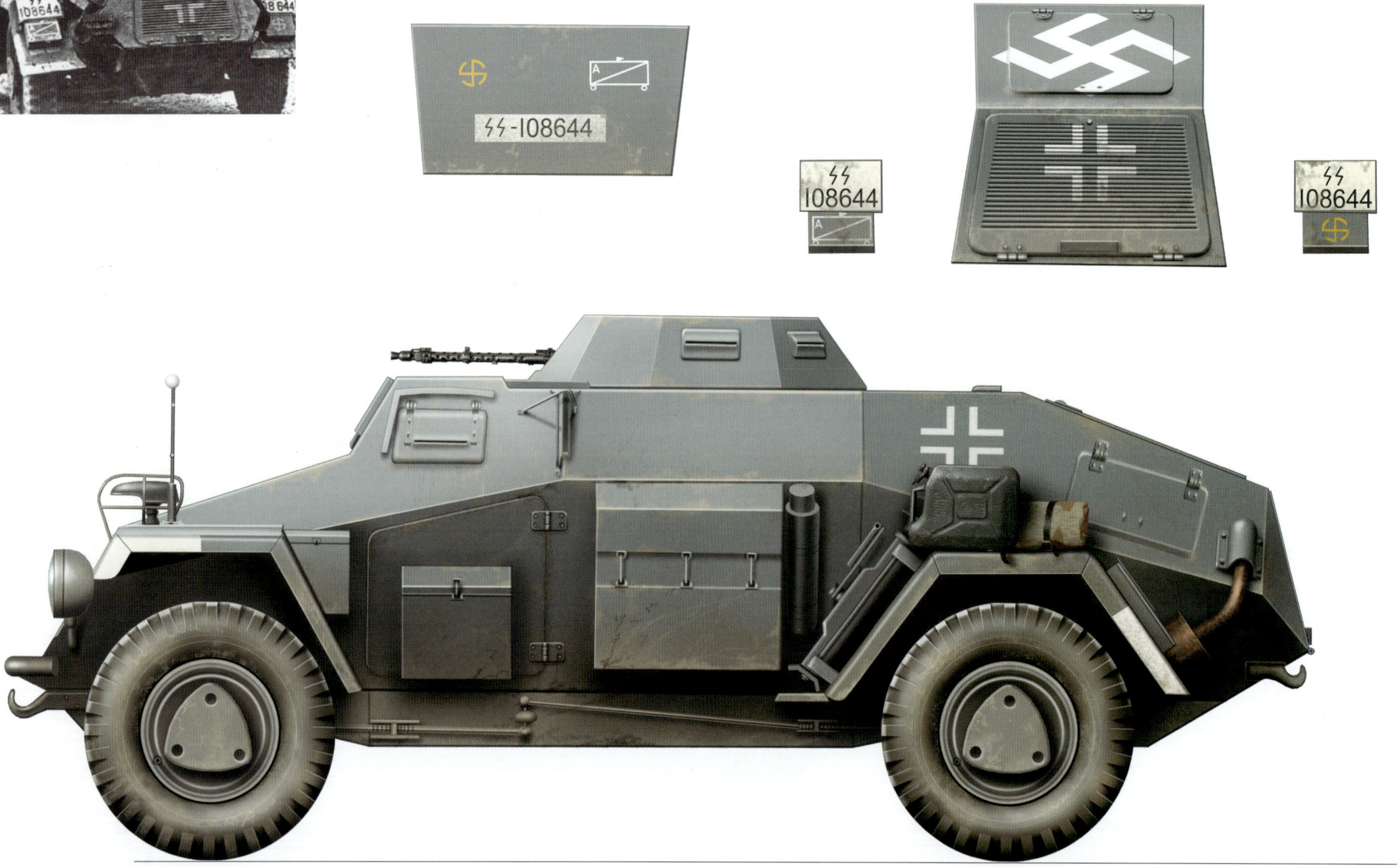